AJ 1/26/06

El joven
Martin Luther King, Jr.

"Tengo un sueño"

Colección Troll Vidas Ejemplares

Escrito por Joanne Mattern
Ilustrado por Allan Eitzen
Versión en español de Amilcar Bentancour

Troll Associates

Coffee Shop: Cafetería
Whites Only: Servimos sólo a los blancos
End Segregation: Abajo la segregación
Voting Rights Now!: ¡Derecho al voto!
Jobs for All Now!: ¡Trabajos para todos!
Equal Rights: Igualdad de derechos

Library of Congress Cataloging-in-Publication Data

Mattern, Joanne, (date)
    Young Martin Luther King, Jr.: I have a dream / by Joanne Mattern;
illustrated by Allan Eitzen.
        p.   cm.— (First-start biographies)
    Summary: A simple biography of a great black leader emphasizing
his dream of equal treatment for all Americans.
    ISBN 0-8167-2544-6 (lib. bdg.)   ISBN 0-8167-3692-8 (Spanish pbk.)
    ISBN 0-8167-2545-4 (pbk.)
    1. King, Martin Luther, Jr., 1929–1968—Juvenile literature.
2. Afro-Americans—Biography—Juvenile literature.   3. Civil rights
workers—United States—Biography—Juvenile literature.
4. Baptists—United States—Clergy—Biography—Juvenile literature.
[1. King, Martin Luther, Jr., 1929-1968.   2. Afro-Americans—
Biography.   3. Civil rights workers.]   I. Eitzen, Allan, ill.
II. Title.
E185.97.K5M346   1992
323'.092—dc20
[B]   91-26478

Copyright © 1995 by Troll Associates, Inc.

Printed in the United States of America.

10 9 8 7 6 5 4 3 2

Versión en español de Amilcar Bentancour

Martin Luther King, Jr., fue un americano
importante. Luchó para que los negros
obtuvieran los mismos derechos que
gozaban los blancos.

4

Martin Luther King, Jr., nació el 15 de enero de 1929, en Atlanta, Georgia. Su familia lo llamaba M.L.

La familia King era muy religiosa. Su
padre, el Reverendo King, era pastor de la
Iglesia Bautista Ebenezer. A M.L. le
gustaba oír cómo predicaba su padre.

A M.L. le gustaban los deportes. Él y sus amigos jugaban fútbol americano, béisbol y básquetbol. M.L. se destacaba en todos los deportes.

Un día, cuando M.L. tenía 6 años, la madre
de uno de sus amigos le dijo: —No puedes
jugar con él. Nosotros somos blancos y tú
eres una persona de color.

M.L. regresó a su casa llorando.
No entendía qué importancia tenía
el color de su piel para otra persona.

Su madre le dio un abrazo y luego le contó una historia.

Le dijo que muchos negros habían sido esclavos en América. Tenían que trabajar muy duro y obedecer todas las órdenes de sus amos. Ahora, aunque ya no existía la esclavitud, algunos blancos seguían tratando injustamente a los negros.

—Tú tienes el mismo valor humano que cualquier otra persona, nunca lo olvides —le dijo su madre.

A medida que crecía, Martin se daba cuenta de que existían muchas leyes injustas para los negros.

Los niños negros asistían a una escuela y
los blancos a otra. Había parques,
restaurantes y hoteles donde sólo los
blancos podían entrar.

En las tiendas, los negros tenían que ir al final de la fila y esperar que atendieran a todos los blancos primero.

Estas leyes ponían muy triste a Martin.
Quería abolirlas. Martin se dedicó de lleno
al estudio. Se pasaba leyendo y a veces
gastaba todo el dinero que le daban sus
padres en libros.

A los 15 años, Martin se graduó de la
escuela secundaria. Luego, estudió en la
Universidad Morehouse, en Atlanta. Allí
decidió ser lo mismo que era su padre, un
ministro religioso.

Después, Martin fue a estudiar a Boston. Conoció a una joven y hermosa mujer llamada Coretta Scott. Se enamoraron y más adelante, se casaron.

En 1954, Martin consiguió su primer
trabajo como pastor en Montgomery,
Alabama. Algo muy importante estaba a
punto de ocurrir en esa ciudad.

En 1955, una mujer negra llamada Rosa
Parks viajaba en autobús. El conductor le
ordenó que le diera su asiento a un
hombre blanco; la señora Parks se negó.
Ella fue arrestada y enviada a la cárcel.

Los negros de Montgomery se enojaron.
No iban a usar los autobuses hasta que
cambiara esa ley. Martin participó en esa
protesta.

Durante un año, los negros anduvieron a pie o en los carros de sus amigos. La compañía de autobuses perdió mucho dinero. Por fin, cambiaron la ley. ¡Los negros podrían sentarse donde quisieran!

En el Sur, Martin dirigió marchas y
muchas protestas en las que golpeaban a
los que protestaban. Martin fue arrestado
muchas veces.

Pero pasara lo que pasara, Martin siempre
decía: —Ama a tu enemigo.
Jamás usó la violencia como método. Él
creía en la vía pacífica.

En 1963, ante una enorme multitud reunida en Washington, D.C., Martin dijo: —Tengo un sueño —el sueño de Martin era que algún día *todos* los americanos fueran tratados con igualdad.

En 1964, Martin recibió el Premio Nobel
de la Paz. Esto mostraba la admiración
que todo el mundo sentía por su trabajo
por la paz y la libertad.

Lamentablemente, no todo el mundo ama la paz. Martin fue asesinado frente al cuarto de un hotel el 4 de abril de 1968, en Memphis, Tennessee.

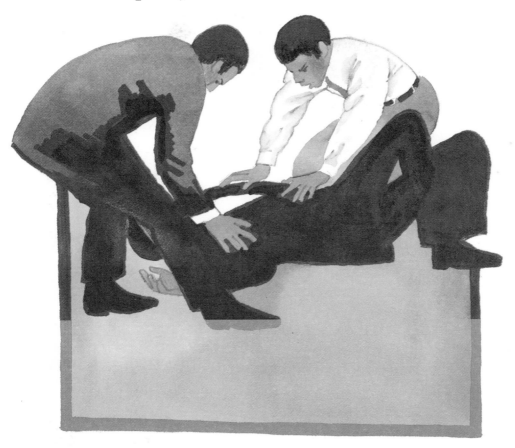

Martin Luther King, Jr., contribuyó a cambiar muchas leyes injustas. Le enseñó a los americanos la importancia del amor y el respeto hacia los demás.